W0305653

Le jour
où Papa s'est remarié

L'orthographe rectifiée, qui fait désormais référence dans les programmes scolaires, est appliquée dans cet ouvrage.

MIXTE
Papier issu de sources responsables
FSC® C022030

© 2017, Éditions Nathan, Sejer, 25 avenue Pierre-de-Coubertin, 75013 Paris
Loi n° 49-956 du 16 juillet 1949 sur les publications destinées à la jeunesse, modifiée par la loi n° 2011-525 du 17 mai 2011.
ISBN 978-2-09-257362-4

Thierry Lenain

Le jour où Papa s'est remarié

Illustrations de Thanh Portal

Nathan

– Allo, la lune ?

Envoyez l'enfant !

Madame Okili dit toujours ça quand un élève est perdu dans ses pensées. Elle le dit par exemple pour qu'il redescende sur terre faire la dictée avec les autres.

Ah, voilà, elle a réussi ! Guillaume est revenu sur terre.

– À quoi pensais-tu, si loin de nous ? demande la maitresse.

– Moi, je sais ! dit Chizuko. Il pensait à son papa qui va se remarier !

Félicité soupire :

– Et notre papa ou notre maman qui se remarie avec quelqu'un d'autre que notre maman ou notre papa, c'est pas rigolo...

Madame Okili demande :
– C’est le remariage de ton papa qui te tracasse, Guillaume ?

Malo ne laisse pas Guillaume répondre. Il dit :
– Moi, je trouve que c’est bien que le papa de Guillaume se remarie. Comme ça, il ne restera pas seul et triste jusqu’à la fin de sa vie, comme mon papi...

Pour clore la discussion et passer
à la dictée, madame Okili dit :
– Merci, Malo... Et, toi, Guillaume,
si tu le veux bien, souhaite
plein de bonheur de ma part
à ton papa et sa future femme.

La maitresse voudrait ajouter : « Et maintenant ouvrez votre cahier de dictées », mais elle aperçoit Marilou qui agite son doigt de droite à gauche et de gauche à droite pour dire « non non non non non non... ».

Madame Okili lui demande :
– Qu'est-ce qu'il y a, Marilou ?

Mais Marilou n'arrive pas à dire autre chose que « non non non non non non… » avec son doigt.

Alors sa sœur Héléna prend le relais et dit :

– Eh ben, maitresse… heu… Ce n'est pas avec une femme que le papa de Guillaume va se remarier…

Après une dernière hésitation, elle explique :
– C'est avec un mari qu'il va se remarier. Parce que maintenant, le papa de Guillaume, il est homo.
– C'est dégoutant ! s'exclame Malwen en laissant tomber son crayon.
– Pourquoi tu dis que c'est dégoutant ? proteste Tovi. Mon tonton aussi il est marié avec un homo, et c'est pas dégoutant du tout, et même qu'il est très très gentil !

Baptiste, qui réfléchit vite, ajoute :
– Et puis c'est mieux que le papa de Guillaume se marie avec un homme qu'il aime plutôt qu'avec une femme qu'il n'aime pas !

Malwen croise les bras et réplique :
– Peut-être. Mais que le père de Guillaume soit homo, c'est pas du tout gentil pour Guillaume !
– Et pourquoi ? demande madame Okili, intriguée.

Très sure d'elle, Malwen répond :
– Parce que comme le père de Guillaume est homo, quand Guillaume sera grand, il sera homo lui aussi !

La maitresse ne peut pas s'empêcher d'éclater de rire. Quand elle a repris son sérieux, elle explique :
– Hétérosexuel ou homosexuel, ça n'a rien à voir avec ce qu'étaient nos parents avant nous, Malwen ! C'est simplement comme ça, dans chacun d'entre nous, au moment où c'est comme ça. Et si plus tard Guillaume est homo, pourquoi cela serait-il un problème ?

Guillaume n'a rien dit depuis qu'il est redescendu sur terre. Mais là, il lève la main.

– Tu as raison, Guillaume, dit madame Okili. Je crois que depuis le début nous parlons à ta place... Nous t'écoutons !

Guillaume déclare alors :

– Alima et moi, on s'est promis que quand on sera grands on se mariera et on fera plein de bébés. Si je ne suis pas homo quand je serai grand, ça ira. Mais si je suis homo, on ne pourra pas. Et je ne pourrai même pas faire de bébé du tout, puisque mon amoureux sera un homme !

– Ça, c'est sûr, dit madame Okili. Deux hommes ou deux femmes ne peuvent pas faire un enfant ensemble. Alors c'est ça qui te tracasse, Guillaume ?
– Oui, répond tristement Guillaume. Parce que moi, dans la vie, je veux être papa…

– T'inquiète pas, intervient Miradie pour le rassurer. Si quand tu seras grand tu ne peux pas faire de bébé, tu n'auras qu'à en adopter un, comme mes parents ont fait avec moi !

– Et puis attends ! s'exclame Alima, qui n'aime pas quand son amoureux est triste. Si tu es homo quand tu seras grand, moi aussi je serai homo ! Je me marierai avec une femme, et comme je ne pourrai pas faire de bébés avec elle, je les ferai quand même avec toi ! Et après ils vivront une semaine chez ton mari et toi, et une semaine chez ma femme et moi !

– Ah oui… fait Guillaume en réfléchissant. Une semaine sur deux ! Comme moi, ou Félicité, avec nos parents séparés : une semaine chez l'un, une semaine chez l'autre.

Avec un large sourire, il ajoute :
– Et on fera de grandes fêtes tous ensemble !

FÊTE DES VOISINS

Madame Okili les interrompt :

– Je vois que vous ne manquez pas de solution pour les adultes que vous deviendrez plus tard, qu'ils soient comme ceci ou comme cela... Tant mieux ! Mais en attendant, vous êtes les enfants que vous êtes. Et c'est l'heure de la dictée. Alors maintenant, ouvrez vos cahiers !

i jaune

Thierry Lenain, l'auteur

Thierry Lenain a été professeur dans des écoles maternelles et primaires. À la naissance de ses enfants, il a ressenti le besoin d'écrire pour les accompagner dans ce qu'ils vivaient et ce qui les interrogeait. Il a écrit soixante-dix œuvres pour la jeunesse, dont le célèbre *Mademoiselle Zazie a-t-elle un zizi ?*, et les huit autres romans de la série.

Thanh Portal, l'illustratrice

Thanh Portal aime les livres. Alors elle les a lus et relus, caressés dans le sens de la trame dans un atelier de reliure, conseillés dans une bibliothèque, vendus dans une librairie, promus dans une maison d'édition. Un jour, elle a choisi de revenir à sa première passion et de les illustrer. Depuis, elle crée des personnages hauts en couleur pour des albums et des romans pour la jeunesse.

Tu as aimé ce roman ?

Retrouve d'autres romans de la série !

Le jour où

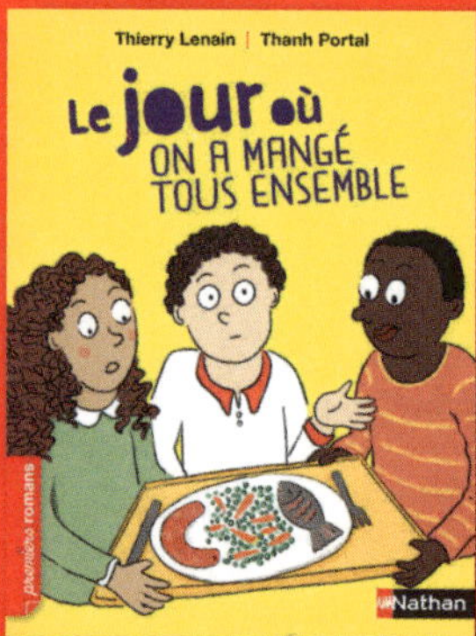

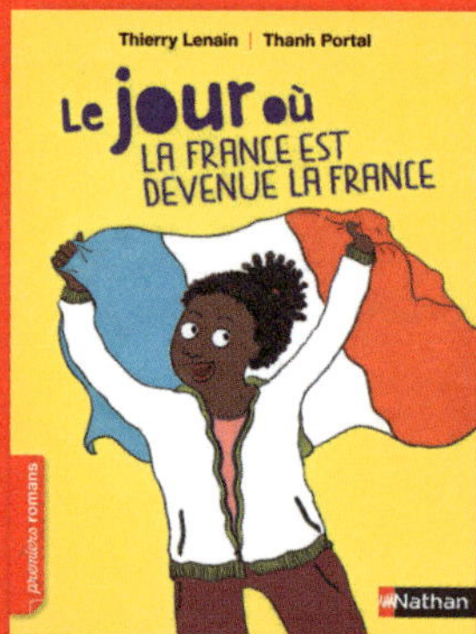

premiers romans

N° éditeur : 10227846 – Dépôt légal : août 2017
Achevé d'imprimer en août 2017 par Pollina (85400 Luçon, Vendée, France) - 81448B